Wahrheit und Recht
verficht auch die Komödie!

Aristophanes (um 450–385 v. Chr.),
griechischer Komödiendichter

Für die holde Gattin und erste Lektorin Regina
sowie die Lieblingsneffen Elias und Julian

Georg C. Peter

Kaiser Barbarossa rief auf einmal „Hossa"

Heitere Historische Heldenepen

Illustrationen: Gary Brown
Sprecher: Thomas Rübenacker
Musik: Jan Žáček

Lindemanns Bibliothek

Nachdem *Georg C. Peter* bei einer Kellerentrümplung auf alte Schulhefte gestoßen war und die darin enthaltenen lyrischen Gehversuche der Ehefrau vorgetragen hatte, entstand die gemeinsame Idee einer humorvollen Auseinandersetzung mit Geschichte und Philosophie in Reimform. Bis auf wenige epische Ansichtskarten und Geburtstagsgrüße war das Leben des in Karlsruhe geborenen Autors bislang überwiegend frei von Versen verlaufen. So kam der historisch interessierte SWR-Mitarbeiter zur Lyrik wie die Jungfrau zum Kinde, obwohl die Nähe zu den Kultur schaffenden Medien und eine Kindheit, die von Loriot, Heinz Erhard und Robert Gernhardt geprägt war, sicherlich ihre Spuren hinterlassen hat.

Thomas Rübenacker begann während der Gymnasiastenzeit für die Badischen Neuesten Nachrichten zu schreiben. Studium des Violoncellospiels bei Martin Ostertag. Frühe Begegnungen mit Opernregie (Musiktheater im Revier, Hamburger Staatsoper) ließen ihn frustriert zurück, weil „in der Oper die Regie nach der B-Premiere nur noch zerbröselt". Über 30 Jahre Radio-Moderator für SWR, WDR und BR. Bühnentätigkeit auch als Rezitator von Melodramen: CD „Minne, Mord und Meuchelei" (ARS 38482). Diverse Veröffentlichungen als Autor: Mozartroman „Hast du Töne, Amadeus!" (Rowohlt 1983), 3 Theaterstücke, über 40 Hörspiele, Roman „Demnächst in der Unmittelbar" (WOO, 2017). Lebt in Karlsruhe.

Inhalt

ANTIKE

MITTELALTER

NEUZEIT

GRIECHISCHE SAGEN

DIE ABENTEUER DES ODYSSEUS

ANMERKUNGEN

ANTIKE

Thales

Durch die Stille drang ein Knall.
Und ein feuchter, nasser Schwall.
Denn gefallen in ein schales,
trübes Wasser war der Thales.

Bei der himmlischen Betrachtung
fand der Weg keine Beachtung,
und, versunken in die Lehre,
kam ein Brunnen in die Quere.

Zwiefach war er drob verzagt,
denn die aufmerksame Magd
zog ihn in der tiefen Nacht
triefend aus dem dunklen Schacht.

Um ihn, beim nach Hause Trotten
despektierlich zu verspotten:

Hing der Himmel voller Sterne,
ging der Blick auch in die Ferne,
holten Mäuerchen aus Steinen
Philosophen von den Beinen.
Thales ging, am End' vom Reim,
freiwillig ins Altersheim.

Merkzettel für Thales:
Nächtliches ins Wasser Hupfen
fördert Philosophenschnupfen!

Zenon

Viele wunderten sich sehr
über Zenon von Elea:
Geist und Zunge waren schnell,
paradox sein Denkmodell:

Wer beim Laufen um die Wette
stets den Lorbeer innehätte,
sei am Anfang schon geklärt,
wenn ein Vorsprung sei gewährt.

Doch von Nöten, zu dem Zwecke:
Stete Teilung einer Strecke
und – als Erstes zu beginnen,
um das Rennen zu gewinnen.

Eine Schildeskröte sei
an dem Startpunkt schon vorbei,
des Achilles flotte Sohlen
auf dem Weg, sie einzuholen.

Dem Achilles teilt, trotz Eile,
sich die Strecke in zwei Teile.
Eh' Teil eins er noch beendet,
sich das Tier gen Ziele wendet.

Dadurch, in der Theorie,
endet dieses Rennen nie,
da die Kröte nicht verweilt,
und der Weg sich ständig teilt.

Jener neue Denkprozess
hieß: unendlicher Regress.
Alle Klugen applaudierten,
selbst, wenn sie es nicht kapierten.

Merke:
Ist die Theorie auch grau,
waren Griechen dennoch schlau!

Sokrates
und seine Frau Xanthippe

Sokrates war in Athen
häufig ohne Weib zu sehn,
denn das zärtliche Gemüt
war bei ihr schon längst verblüht.

Fühlte auch auf allen Wegen
sich dem Gatten überlegen,
und die Einigkeit verflog
schon beim ersten Dialog.

Sokrates, meist ausgeglichen,
nach und nach die Scherze wichen,
denn, des Frevels angeklagt,
war die Hybris angenagt.

Daher sprach er: „Zuviel Stress:
Diese Frau und der Prozess!"
Danach wurde er zum Zecher,
und er trank den Schierlingsbecher.

Merke:
Hüte dich vor Weibsgeschrei,
Rechtsstreit und Sophisterei!

Platon

Mit schon leicht ergrautem Haarton
in der Höhle hing der Platon
müde an dem Felsgemäuer,
spärlich knisterte ein Feuer.

Doch, nach Philosophenmeinung,
hing dort nur seine Erscheinung
in gesteppten Hängematten,
oder – besser noch – sein Schatten.

Denn er schwebte nah am Feuer
(Hypocaustum* war zu teuer),
und durch dieses Phänomen
war sein Schatten halt zu sehn.

Konnte, als er sah den Schatten,
in der Matte gleich ermatten,
vorher schrieb er noch das Gleichnis
ins Sophistereiverzeichnis.

PS:
Um sich nicht noch mehr zu quälen,
tat er Schattenschäfchen zählen.

* Fußbodenheizung

19

Vorsätze des Aristoteles

Die Komödie zu stützen,
den Autoren stets zu nützen
und die Redekunst zu schützen.

Metaphysik zu ergründen,
mit Naturforschern verbünden
und die Staatskunst zu verkünden.

Mit den Schülern zu verkehren,
sie die Wissenschaft zu lehren,
deren Wissensstand zu mehren.

Nach der Logik stets zu handeln,
mit Poetik anzubandeln
und in Gängen rum zu wandeln!

Diogenes

Stets vereint mit der Natur,
wanderte durch Wald und Flur
ohne Pflichten, ohne Stress,
damals der Diogenes.

Statt nach Ordnung und Besitz,
strebte er nach Geisteswitz,
säte Spott, verstreute Hohn,
ging in die Opposition.

Philosoph und Alexander
kamen einstens zueinander,
als der Lehrer, voller Wonne,
lehnte selig an der Tonne.

Sprach der große Makedone:
„Dir zur Freude und zum Lohne,
nur durch meinen Königswillen
will ich einen Wunsch erfüllen".

„Mir, dem Bettler, euer Ehren,
wollt ihr einen Wunsch gewähren,
nur für mich und meine Tonne?
Bitte, geh' mir aus der Sonne!"

Hannibal

Über hohe Alpenpässe
trieb bei Regen, Sturm und Nässe,
ohne Rast und ohne Lager
Hannibal seine Karthager,

welche Alpen überwanden
mit bepackten Elefanten,
die den Vorrat mussten wuchten
über Täler, Berge, Schluchten.

Bis sie endlich Pfade fanden
und in Norditalien standen,
wo die römischen Soldaten
sich die Eindringung verbaten.

Denn Karthager und ihr Heer
mochten Römer nicht so sehr,
daher zogen sie in Bälde
gegen Hannibal zu Felde.

Doch der Kampf, er ging verloren:
„Hannibal vor Romes Toren",
gab der Volkesmund bekannt.
Doch die Mauern hielten stand.

Und als römische Soldaten
schließlich Afrika betraten,
fuhr mit Kriegern übers Meer
er den Römern hinterher.

Als nach einer kurzen Nacht
kam es zu der letzten Schlacht,
wo es ging um Kopf und Kragen,
wurde Hannibal geschlagen.

Dies bedeutete den Sieg
in dem zweiten Punierkrieg.
Danach mussten alle schwören
mit dem Kämpfen aufzuhören.

Doch die Zukunft der Karthager
war seit dieser Zeit recht mager.

Eselsbrücke:
Hannibal trat in den Anus
einst der Scipio Africanus.

Cicero

In Romes schwüler Hicero,
da lebte einst der Cicero,
der hatte Geistesblicero
und machte ständig Wicero.

Darauf wurde stibicero
ihm sein Senatessicero,
aus Rom musste er flicero
und aus war's mit dem Wicero.

Dennoch:
Es las sogar den Cicero
noch gern der Alte Fricero!

Caesar

Caesar dachte: „Meine Fresse,
hab' ich hier 'ne schlechte Presse!"
Flüchtete vor den Journaillen
in das weitentfernte Gallien.
Und besiegte dort ganz fix
einen Vercingetorix.

Schickte gleich Orators Sohn,
auch bekannt als Marc Anton,
mit 'nem Gruß an seine Oma
zum Senat ins ferne Roma,
um Olivenöl zu ordern
und Triumphzug einzufordern.

„Zweimal nein, du musst verstehn,
Salve und auf Wiedersehn",
geiferten ganz unverfroren
im Senat die Senatoren.

Caesar kriegte keinen Lohn,
überschritt den Rubikon
und verkündete den Sieg.
Danach gab es Bürgerkrieg.

Merke:
Erstens – ist das Leben fad,
zweitens – grün ist der Spinat,
drittens – schwer ist ein Spagat,
viertens – schuld ist der Senat!

Augustus

In der Stadt des Tiberstroms
war er erster Kaiser Roms.
Er verteilte Geld und Gaben
Und man nannte ihn „erhaben".

Baute, da das Volk nicht muckte,
Tempel und auch Aquädukte.
Auch erfreute Kunz und Hinz:
Friede war in der Provinz.

Von der Herrschaft bis zur Bahre
ging es einundvierzig Jahre,
dann war mit Augustus Schluss,
und es kam Tiberius.

Merke:
Jubel war, man schrie sich heiser,
hochverehrt war dieser Kaiser.
Grün blieb Hoffnung und Spinat.
Arbeitslos war der Senat.

Caligula

Fraß vom gold'nen Teller Hafer,
siegreich, schnell und ganz ein Braver,
anerkannt und stets verehrt:
Das war Kaiser's Lieblingspferd.

Zum Senator erst ernannt,
dann zum Konsul aus dem Stand,
und, in dem besond'ren Fall,
ganz aus Marmor war sein Stall.

Denn der edle Gönner war
„Stiefelchen" Caligula,
göttergleich, der Arm zum Himmel,
„Incitatus" hieß sein Schimmel.

Der Senat hatte verzichtet.
Viele wurden hingerichtet,
in die Fremde sonst verbannt,
liquidiert oder verbrannt.

Merke:
Gerne gab der Kaiser Segen,
Senatoren umzulegen.
So geseh'n fand der Senat
Kaiserherrschaft etwas fad.

MITTELALTER

Karl Martell

Fern, am Fuß der Pyrenäen,
war ein Reiterheer zu sehn,
denn es zogen wilde Horden
säbelstarrend Richtung Norden.

„Sie vertrieben nach Paris
den, der Herzog Eudo hieß",
sprach der Nachrichtüberbringer
vor dem Thron der Merowinger.

„Blut und Kampf, die alte Leier,
ich empfehle den Hausmeier",
flüsterte Theuderich,
und danach empfahl er sich.

„Mit Gepäck und Karawanen
stellen wir die Muselmanen,
siegen bei Poitiers und Tours,
so mein Wille und mein Schwur",

sprach der Maier Karl Martell,
und sein Helm erglänzte hell.
Er ritt grimmig fort und wild
und zerbrach des Feindes Schild.

Jener war ein starker Ringer
und der erste Karolinger,
der im Siege heimwärts kehrte
und dem Sohn den Thron bescherte.

Denn der Wechsel im Geschlecht
ist des stolzen Siegers Recht,
da gesichert war'n die Flanken
nun im Königreich der Franken.

Und so trafen Muselmanen
niemals mehr auf Maiers Ahnen.

Karl I.

Fleisch ess' ich nur ohne Soße,
sagte einstmals Karl der Große.

Hackbraten, gefüllt mit Eiern,
als Proviant gegen die Bayern.

Knusprig – frisch gegrillte Haxen,
dann besiege ich die Sachsen.

Langobarden und Awaren
zieh' ich kräftig an den Haaren

mit Carpaccio, frisch vom Rind.
Dann verhau' ich Widukind.

Mehr Fleisch ess' ich freilich nicht,
denn sonst kriege ich die Gicht.

Ständig Fleisch macht auch nicht schöner –
gibt' s hier zufällig 'nen Döner?

Otto I.

War vom Stamme der Ottonen
und des Heinrichs erster Sohnen.
Kaiserkrönung war in Aachen,
wo die Reichsinsignien laachen.

Bei dem Reichstage zu Fritzlar,
gab es grünen Kloß mit Schnitzlar.
Doch dann kamen viele Ungarn,
und die Leute mussten hungarn.

Auf dem Pferde ziemlich flotto
ritt daher der Große Otto,
bis nach Augsburg, nah' am Lech,
und haute die Ungarn wech.

Danach trauten sich die Ungarn
nicht mehr, bei uns rumzulungarn.

Heinrich IV. und der Papst

Heinrich war ein großer Zecher.
Gleichzeitig ein Ehebrecher.
Labte sich an warmen Laibern
frischen Brotes, als auch Weibern.

Doch der Papst sprach: „Gott zum Gruße,
lieber Heinrich, tue Buße!
Ich darf Bischöfe ernennen,
du sollt Deine Schuld bekennen!

Dafür schick' ich aus Italien
einen Wagen voll Fressalien:
Wein und Würste, frische Eier
auf direktem Weg nach Speyer".

Buße kannte Heinrich wenig.
Wozu war er schließlich König?
Nach dem Weine tat er dürsten,
und er eilte zu den Würsten.

Doch mit jedem weit'ren Gang
wurde er verzagt und bang:
Dieser Gang, so war ihm klar,
der zur Cabanossi war!

Kaiser Barbarossa

Kaiser Barbarossa
rief auf einmal „Hossa!"
Und das war verkehrt,
denn er fiel vom Pferd.

Dieses stand im Wasser,
daher wurd' er nasser
und gleichzeitig munter,
doch dann ging er unter.

Trug ein Hemd aus Ketten,
war nicht mehr zu retten.

Merke:
Steht dein Pferd im Fluss,
rede keinen Stuss!

Hildegard von Bingen

„Sie wird es zu etwas bringen",
sprach der Vater von von Bingen,
denn als zehntes Kind, von Adel,
ward geboren einst das Madel.

Doch zum Abschied musst' er zwingen
sich, von Hildegard von Bingen,
die – mit Jutta zur Komplizin –
kam ins Kloster, als Novizin.

Mit den Schwestern oft am Singen
war die Hildegard von Bingen.
Musizieren kann sich lohnen:
Danach hatte sie Visionen.

Und die Glocken taten klingen
bei der Hildegard von Bingen,
und sie betete bis Ostern
um die Gründung von zwei Klostern.

Eingerahmt von schönen Dingen
war die Hildegard von Bingen,
und am Abend schrieb sie gerne
über Liebe, Kunst und Sterne.

Als die Siechenden anfingen,
bei der Hildegard von Bingen
ins Skriptorium zu wanken,
heilte sie hernach die Kranken.

An den Lippen viele hingen
bei der Hildegard von Bingen,
und erklärten sie, ganz eilig,
schon zu Lebzeiten als heilig.

Merke:
Daher heute noch verschlingen
wir die Bücher von von Bingen.

Wilhelm Tell

Vieles machet recht verdrossen
auf die Dauer Eidgenossen:
Wenn man lügt, betrüget, stiehlt
oder willkürlich befiehlt.

Selbiges nicht recht verstand
Hermann Gessler, Vogt vom Land,
als er grüßen hieß recht lange
einen Hut auf einer Stange.

Nicht zum Gruß hob Tell die Mütze.
Stolz war er, der Armbrustschütze.
Da der Bückling ihm verweigert,
ward des Gesslers Wut gesteigert.

„Willst Du meinen Hut nicht grüßen,
musst Du auf den Apfel schießen,
den ich lege auf den Schopf
deines Sohnes, Walters Kopf."

Wilhelm Tell, er konnte hoffen,
als der Apfel ward getroffen.
Seinen Trotz zu überwinden,
ließ ihn Gessler dennoch binden.

Hin zur Festung, auf dem See,
trieb das Schiff nach Luv und Lee,
denn ein Sturm ergriff das Boot,
und es drohte sich'rer Tod.

Dieses Schiff, statt zu versenken,
schnell ans Ufer umzulenken,
machte sich der Tell bereit.
Hierfür wurde er befreit.

Dann entfloh er seiner Wache,
und er sann alsbald auf Rache.
Wartete mit blindem Hasse
bald in Küssnachts hohler Gasse,

um den Weg dort zu versperren.
Dann erschoss er seinen Herren.
Und seitdem gab's keinen Stress mehr
Mit dem Landvogt Hermann Gessler.

Merke:
Auf Tyrannen wird geschossen
von erbosten Eidgenossen!

Die Schlacht bei Azincourt

Frankreich und die Ritterschaft
strotzten sehr vor Manneskraft,
standen frohgemut und wacker
hoch zu Rosse auf dem Acker.

Frisch gebürstet Pferd und Ritter,
trotzten Regen und Gewitter.
Blank geputzt von Dreck und Moos:
Auf die Plätze, dann ging's los.

Leider war der Angriff schwierig,
denn der Boden, der war schmierig.
Dadurch blieben diese Recken
schon nach kurzer Strecke stecken.

Zudem kam in hohem Bogen
Pfeil um Pfeil herangeflogen,
kurz – es gab was auf die Ohren,
und die Schlacht, die ging verloren.

Seither fürchtet der Franzose
feuchten Schlamm und nasse Hose.

NEUZEIT

Gutenberg

In der Neuzeit der Geschichte
gab es wichtige Berichte
über Glaube und Erweckung
und der Wissenschaft Entdeckung.

Viele konnten diese Thesen
weder buchstabier'n noch lesen:
Jener Zustandsüberwindung
diente Gutenbergs Erfindung.

Dieser hatte unverdrossen
Lettern aus Metall gegossen,
und mit einem kräft'gen Ruck
ging die Presse bald in Druck.

Zwar erforderte es Fleiß,
doch es minderte den Preis,
und das Wissen fand Verbreitung
über Bücher nun und Zeitung.

Forscher und die Humanisten
konnten nun ihr Wissen listen,
selbst der Bibel heil'ge Messe
ward verbreitet durch die Presse.

Die Materie war schwierig,
doch die Menschen lasen gierig,
und es wurde, auf die Dauer,
mancher Mensch ein wenig schlauer.

Merke:
Durch des Gutenberges Hand
war man auf dem neuesten Stand,
denn das neuzeitliche Wissen
wollte seither niemand missen.

Isabella von Kastilien

Blank poliert, in voller Rüstung,
stand sie an des Schlosses Brüstung.
Auf dem Felde blühten Lilien:
Es war Frühling in Kastilien.

Als ihr Bruder war gestorben,
hatte sie den Thron erworben,
und die Königshäuser sandten
ihre Hochzeitsaspiranten.

Doch die Mühe war vergebens,
denn die Liebe ihres Lebens
war seit vielen Jahren schon
Ferdinand von Aragón.

Um ihn auf den Thron zu heben,
ward das Jawort ihm gegeben.
Doch nach schönen Hochzeitstagen
hatt' er nicht mehr viel zu sagen.

Mit Entschlossenheit und Güte
führte sie das Reich zur Blüte,
sie vereinigte die Länder
und beschützte deren Ränder.

Trotz des Schatzmeisters Gemecker
unterstützte sie Entdecker,
und sie baute in den Städten
große Universitäten.

Und sie förderte den Wandel
und lancierte auch den Handel.
Sowohl Handel als auch Lilien:
Alles blühte in Kastilien.

Merke:
Der Erfolg war unbeschreiblich,
denn die Handschrift, die war weiblich.

Kolumbus

Voll mit Fässern und Fressalien
stach Kolumbus aus Italien
nach recht wilden Abschiedsfesten
früh in See in Richtung Westen.

Auf der Spanier Geheiße
auf drei Schiffen ging die Reise:
Mit „Maria", „Pinta", „Nina"
war'n sie auf dem Weg nach China.

Jedoch gingen sie am Strand
der Bahamas bald an Land,
und vor Orten bauten sie
eine kleine Kolonie.

Wo sie Menschen, die sie kannten,
deshalb „Indianer" nannten,
da es hieß, mehr oder minder,
die Chinesen wären Inder.

Dieses lag vor allem auch
an dem wirren Sprachgebrauch,
da bei Indern und Chinesen
niemand jemals war gewesen.

Also rauchten die „Chinaner",
die man nannte „Indianer",
nun zum Dank für Kamm und Seife
mit Kolumbus Friedenspfeife.

Und, was niemals war bezweckt,
war Amerika entdeckt.

Erasmus von Rotterdam

Fröstelnd, bibbernd, oft am Jammern,
saß in Basels Schreiberkammern
Erasmus von Rotterdam.
Alle Glieder waren klamm.

Trotzig, unter dunklen Hauben,
schrieb er gegen Aberglauben,
gegen Torheit und Gewalt,
dick bepelzt war die Gestalt.

Doch bewirkten wahre Wunder
kleine Becher voll Burgunder,
und der Geist tat sich erhellen,
ging es um antike Quellen.

Tat als Humanist noch kund:
„Menschen in den Vordergrund!
Freiheit, Mitgefühl und ganz
wichtig ist auch Toleranz."

PS:
Um die Arbeit zu verrichten,
trug er viele Kleiderschichten.
Bei Satire und beim Scherz
wurde ihm ganz warm ums Herz.

51

Luthers Thesen

Einst im weit entfernten Rom
ward gebaut der Petersdom,
der – mit Marmor und mit Gold –
künftig neu entstehen sollt'.

Leo, Papst von Gottes Gnaden,
wandelte auf frommen Pfaden,
flehte im Kapitelsaal,
betete um Kapital.

Ohne Beichte, ließ er künden,
sei der Mensch befreit von Sünden
und von künft'gen Höllenqualen:
Nur ein Ablass sei zu zahlen.

Frisch befreit von Gottes Strafen
konnte mancher ruhiger schlafen.
Doch es war ein wenig teuer:
Buße ohne Fegefeuer.

„Wozu braucht, in aller Welt,
der Hochwürden so viel Geld",
fragte einst ein Gottesdiener:
Martin Luther, Augustiner.

Jener lehrte früh bis spät
an der Universität,
konnte schreiben wie auch lesen:
Er schrieb fünfundneunzig Thesen,

welche er in großer Zahl
heftete ans Kirchportal.
Tat darin den Papst ermahnen
nicht so kräftig abzusahnen.

Seither war der Mönch bekannt
und vom Pontifex gebannt.
Doch er war nicht aufzuhalten,
und die Kirche war gespalten.

Merke:
Wär' Papst Leos Seele reiner
und der Dom ein wenig kleiner,
wär' womöglich heut' zu lesen:
Außer Thesen nichts gewesen.

Luther in Worms

Für den Augustiner Luther
war nicht alles mehr in Butter,
denn erzürnt in seinem Wesen
war der Papst, nach Luthers Thesen.

Fern in Worms am Ende fiel
die Entscheidung beim Konzil,
und – nach Kurfürst Friedrichs Meutern –
durfte Luther sich erläutern.

Für die klerikalen Zünfte
sprach der Kaiser, Karl der Fünfte,
und es eilten in die Säle
dekorierte Kardinäle.

Niemand war auf Luthers Seite.
Alle suchten sie das Weite,
die Gefolgschaft wurde klein,
und der Mönch, er stand allein.

Er eröffnete die Fehde
ganz am Ende seiner Rede:
„Hier – und niemand anders kann das –
stehe ich und kann nicht anders."

Worauf Kaiser nebst Gesandten
Luther mit der Reichsacht bannten.
Dann war der Prozess vorbei
und der Luther vogelfrei.

PS:
Obdach bot ihm still und leise
Kurfürst Friederich der Weise.

Heinrich VIII. und seine sechs Ehefrauen

Der Ersten fehlt' der Sohne,
vorbei war's mit dem Throne.

Die Zweit' hat ihn erschöpft,
dann hat er sie geköpft.

Die Dritt' hat er umworben,
dabei ist sie gestorben.

Die Vierte war nicht schön,
die wollt' er nicht mehr sehn.

Die Fünfte macht' in Eile
Bekanntschaft mit dem Beile.

Nur eine hatte Glück:
Die Letzte blieb am Stück!

PS:
Der König, der war schneller,
der lag schon tot im Keller.

PPS:
In uns'rer Zeit, die Frauen,
die wären abgehauen!

Calvin

Da Franzosen oft verbannten
alle ihre Protestanten,
hatte Calvin, dort geboren,
Genf sich zum Asyl erkoren.

Wenn man ihm bei Worte nimmt,
war ihm dies vorherbestimmt,
und die Predigten ergossen
sich nun über Eidgenossen.

Glücklich und zufrieden lebe,
wer durch Fleiß nach Reichtum strebe,
seinen Wohlstand nicht gefährde,
gottgefällig sich gebärde.

Manche Calvinisten litten
unter diesen strikten Sitten:
Erstens – züchtige Verhüllung,
zweitens – strenge Pflichterfüllung.

Nicht erlaubt in vollen Zügen:
Der Genuss und das Vergnügen.
Und statt abendlichem Tanzen
tat man sich im Heim verschanzen.

Auch beachteten sie peinlich:
Lebe tugendhaft und reinlich!
Dieses galt für Körperpflege
wie für Straßen, Häuser, Wege.

Nun wurden die Schweizer rege:
Frei von Unrat war'n die Wege.
Und durch diesen ganzen Zauber
blieb die Schweiz bis heute sauber.

Elisabeth

Nur in Staatstracht und Korsett
herrschte die Elisabeth,
denn am königlichen Hofe
war'n von Adel Hund und Zofe.

Mit den Sängern ein Terzett
trällerte Elisabeth,
stets zu hör'n in Saal und Flur
war Musik und Reimkultur.

Kein Gemahl nahm an die Kett'
Königin Elisabeth.
Vor dem Traualtar sie mied
selbst Sir Robert, Favorit.

Ihre erste Zigarett'
rauchte die Elisabeth,
als man reichte ihr auf Knien
Tabak aus den Kolonien.

Doch verarbeitet zu Mett
hätten die Elisabeth
gerne gläubige Papisten,
die den Rosenkranz vermissten.

Demzufolge gar nicht nett
handelte Elisabeth,
da zerborsten auf dem Riffe
lagen bald der Spanier Schiffe.

Ihre Schulden machte wett
Königin Elisabeth,
und im Großen und im Ganzen
war'n saniert die Staatsfinanzen.

An dem Thron wie eine Klett'
hing einst die Elisabeth,
dekoriert, mit grauen Haaren,
trat sie ab mit siebzig Jahren.

PS:
Doch es blieb Elisabeth
jungfräulich von A bis Z.

Francis Drake

Umsegelte die Welt
und raubte Gut und Geld,
Kartoffeln und Tomaten,
mit Seeräubersoldaten.

Für sich und seine Leute,
aus Säcken voller Beute,
mit Tabak und mit Gold
bezahlte er den Sold.

Er kam nicht hinter Gitter,
statt dessen wurd' er Ritter,
und schlug, olé – olé,
die Spanier noch zur See.

Gesiegt hatten die Schwachen,
drum ließ man's heftig krachen:
Für jeden gab's am Pier
'ne Schale warmes Bier.

PS:
Sogar die Königin,
die war ganz weg und hin.
Drum gab's am Hof für Drake
noch Plumpudding mit Steak.

Henry Quatre

Vor den hohen Festungsmauern
lag mit Söldnern und mit Bauern
hungrig und geplagt von Wanzen
einst der König vor den Schanzen.

Auch im nächstgeleg'nen Ort
war'n die Nahrungsmittel fort.
Denn im Kriege – wie bekannt –
fehlt der Wein und der Proviant.

Nur ein Schelm erbot dem König
von dem Fleischesrest ein wenig:
Eine Pute, sieben Pfund,
gut im Futter und gesund.

Doch er hätte eine Bitte:
In des guten Königs Mitte
wollte – ohne ihn zu stören –
er der Runde angehören.

Nach dem opulenten Mahle
trat der König aus dem Saale.
Doch, statt ehrfurchtsvoll zu grüßen,
lag der Schelm dem Herrn zu Füßen:

„Hoheit habe selbst gesehen,
dass ein Unglück sei geschehen":
Widersprach es doch dem Recht,
aß ein König mit dem Knecht.

„Dürfe er die Bitte wagen,
ihn zum Ritter nun zu schlagen?"
Und von da an hieß der Gute:
„Stolzer Ritter von der Pute".

Galileo Galilei

Eines schönen Tages hob
er sein neues Teleskop
auf die Schulter, mit dem Ziele:
Des San Marco's Campanile.

Und die Leute war'n perplex:
Mit 'ner Linse, in konvex
und der ander'n, in konkav,
war die Ferne plötzlich scharf.

Galilei, ein verehrter
italienischer Gelehrter,
dieser forschte stets mit Wonne
über Sterne, Mond und Sonne.

Und behauptete am Rande,
dass, nach allerneuestem Stande,
drehe, trotz des Papst's Beschwerde,
um die Sonne sich die Erde.

Dies gefiel der Kirche nicht.
Daher scharrten vor Gericht
Kardinäle mit den Hufen,
und er musste widerrufen.

Dieses wurde ihm zur Qual,
und er flüsterte im Saal
unbemerkt am Ende noch:
„Gleichwohl, sie bewegt sich doch!"

PS:
Dann erwähnte jener nie
wieder die Astronomie,
doch erforschte er noch stumm
Freien Fall im Vakuum.

Prager Fenstersturz

Sucht man nach den ungeschickten
Hintermännern von Konflikten,
sei zunächst einmal genannt:
Böhmens König Ferdinand,

der, anstatt sich zu versöhnen,
Händel hatte mit den Böhmen:
Glaubensfreiheit tat er knicken –
außer: für die Katholiken.

Dieses führte dann zum Schlag-
austausch auf der Burg zu Prag,
wo sich Protestanten türmten,
die erzürnt die Festung stürmten.

Jenes sei ja wohl ein Witz,
meinte Graf von Martinitz.
Doch die Freude währte kurz.
Dieses lag am Fenstersturz.

Auch Slavata, den Katholen,
riss es förmlich von den Sohlen.
Es erwischte, ganz zum Schluss
selbst Philipp Fabricius.

Um sie gleich mit Dung zu taufen,
warf man sie auf einen Haufen,
und die Protestanten-Stände
rieben sich vergnügt die Hände.

Sie entkamen mit dem Schrecken,
ohne Mitleid zu erwecken.
Doch statt Friede, Freude, Sieg
gab es dreißig Jahre Krieg.

Merke:
Weitsicht, Klugheit und Verstand
fehlte König Ferdinand.
Fortan war das Leben trist.
Schuld daran: ein Haufen Mist!

Wallenstein

Der Wallenstein, der Wallenstein,
der hatte einen Gallenstein.

Daher bat er Katholiken,
ihm doch einen Arzt zu schicken.

Doch die Magistrate sandten
ihm nur einen Protestanten.

Seitdem konnt' er weder Heiden
noch die Protestanten leiden.

GRIECHISCHE SAGEN

Uranos

Einst saß er auf hohem Ross:
Gaias Gatte Uranos.
Sperrte Götter in die Erde,
auf dass keiner gleich ihm werde.
Niemand in der Humusschicht
jemals sah das Tageslicht.

Ganz betrübt war Gaias Herz.
Daher formte sie aus Erz,
ihm zur Rache und zum Hohn,
eine Sichel für den Sohn,
Uranos vom Thron zu stürzen
und ihm sein Geschlecht zu kürzen.

Schon war wilder Kampf entbrannt
Und der Vater bald entmannt.
Aus war's mit der Gegenwehr,
denn sein Teil, das fiel ins Meer,
um bei Zypern, in den Buchten,
dort das Wasser zu befruchten.

So geschah's, dass durch das Ding,
welches nicht mehr an ihm hing,
da's im Kampfe ging verloren,
Aphrodite ward geboren.
Welche, das war offenbar,
frei von Schaum auch schöner war.

Hades

Ganz am Ende eines Pfades,
dort beginnt das Reich des Hades.
Zwischen zweier Flüsse Schlund,
wachet Kerberos, der Hund.

Über Acheron, den Fluss,
braucht es einen Obolus,
den der Fährmann Charon sammelt
und danach den Weg verrammelt.

Denn vom Schattenreich der Toten
ist die Wiederkehr verboten.
Die, die Schönheit inne hatten,
werden namenlose Schatten.

Man erkennt durch trübe Lichter
Hades und die Totenrichter,
und für jeden Griechenheld
ist's das Ende dieser Welt.

PS:
Eine Sensation gelang
nur dem Orpheus mit Gesang.
Als Tenor, mit Brunftgeschrei,
ward die Liebste wieder frei.

Dann verließen sie die Szene.
Es blieb Hades. Mit Migräne.

Poseidon

Gott Poseidon liebte sehr
hohe Wellen und das Meer.
In kristallenem Palast,
auf dem Grunde, hielt er Rast.

Zu des Wassergottes Truppen
zählte Meergetier mit Schuppen.
Er war Gott des Fischtentakels
und des delphischen Orakels.

Er fand Freude und Behagen
unterwegs, in seinem Wagen:
Nur mit Dreizack und mit Blitzen
unbekleidet drin zu sitzen.

Er erzürnte und ergrimmte,
wenn das Schicksal ihn verstimmte,
und bei See- und Meeresbeben
ließen Griechen Leib und Leben.

Tat es jedem gleich vergällen,
und dann schwappten seine Wellen,
und es brodelte die See,
spritz und blubb, ojemine.

PS:
Kleine Fische, die sind niedlich
und auch überwiegend friedlich.
Der Poseidon war nicht schuppig,
aber ausgesprochen ruppig.

Hera

Sie war schön wie eine Lilie
und die Göttin der Familie.
Die Figur wie ein Gedicht,
majestätisch ihr Gesicht.

Sie beging in reicher Pracht
mit dem Zeus die Hochzeitsnacht.
In der Ehe treu und züchtig,
auf den Gatten eifersüchtig.

Dieser wechselte fast täglich –
bei den Göttern war das möglich,
und der Zeus, der fand das nett –
die Gespielinnen im Bett.

Die durch ihn gezeugten Erben
mussten überwiegend sterben,
denn es endet mit Geschrei
Göttergrimm und Raserei.

Hera wütete besessen,
rief, von Zorn und Hass zerfressen,
wilde Furien und Schlächter.
Zeus war halt kein Kostverächter.

Merke:
Häufig führ'n zu Blut und Wunden
Ehebruch und Schäferstunden.

Hermes

Hermes war der Gott der Wege
und der Tiere im Gehege,
hat mit Hirten sich verbündet
und das Wort des Zeus verkündet.

An den Sternen lag ihm viel,
und es ging beim Würfelspiel
wiederholt um Kopf und Kragen,
denn er galt auch als verschlagen.

Daher liebte er auch solche
wie die Diebe und die Strolche,
stahl selbst Rinder – noch und nöcher –
und Apollon seinen Köcher.

Doch bezog er keine Prügel:
Er besaß Sandalenflügel
und war schneller als das Licht.
Leicht zu fangen war er nicht.

Merke:
Der verhält sich ungezügelt,
dessen Füße sind beflügelt.

Artemis

War nur Wenigen gewogen
und schoss mit dem Silberbogen
gerne goldglänzende Pfeile
auf die ungeschützten Teile.

Sie fand göttliches Behagen
nur beim Schießen und beim Jagen.
Lediglich beim Reigentanz
ließ sie die Umgebung ganz.

Aktaion ging aus Marotte
einst in eine Waldesgrotte,
wo die Göttin mit 'nem Hüpfer
sprang ins Becken ohne Schlüpfer.

Prompt zum Hirschen umgewandelt,
war der Rückweg ihm verschandelt –
übersät von Blut und Wunden
und zerfleischt von seinen Hunden.

Merke:
Es kann der Gesundheit schaden,
triffst Du Göttinnen beim Baden.

Hephaistos

Da die Götterwelt ihn mied,
Hera's Sohn, den spät'ren Schmied,
trug die Mutter fort den Zwerg
und warf ihn vom Götterberg.

Als er lag verletzt im Schilfe,
kam auf Lemnos ihm zu Hilfe
Heileskunst der Nereiden,
bis sie voneinander schieden.

Und als Zeus gebar Athenen,
half Hephaistos jener Schönen.
Weshalb Zeus die Tochter quälte
und pompös mit ihm vermählte.

Doch der Braut war bald schon bange,
und die Ehe hielt nicht lange:
Die Athene, sie entwand
sich Hephaistos und verschwand.

Auch die schöne Aphrodite,
die er anbetend bekniete,
zeigte ihr Gesicht, ihr Wahres,
als sie hing im Netz mit Ares.

Merke:
Der Hephaistos war zwar hässlich,
aber dafür auch verlässlich.
Jedoch fielen aus dem Rahmen
häufig hübsche Götterdamen.

Dionysos

Man feierte mit Wein.
Denn Zeuses Götterbein,
genau gesagt, sein Schenkel,
gebar des Kronos' Enkel.

Der Enkel, ohne Maße,
fiel trunken in Ekstase
und wurde nachts zum Schwärmer,
drum hieß er auch: „Der Lärmer".

Der Rest lässt sich erahnen:
Empfindliche Titanen,
die haben ihn verraten,
gesotten und gebraten.

So war der Gott des Weines
und des entschlüpften Beines
gegrillt als Opferlamm:
ein göttliches Ham-Ham!

Merkzettel für Titanen:
Es passt gekochte Milch mit Grieß
hervorragend zu Gott am Spieß!

Die neun Musen

An der Mnemosyne Busen
zeugte Zeus die holden Musen,

welche stets erwiesen Gunst
Klugheit, Wissen und der Kunst:

Klio förderte Geschichte,
Heldentaten und Gedichte,

Melpomene verlieh Gewichtung
Bühne und Tragödiendichtung,

Terpsichore, sie liebte Tanz
und verlieh dem Reigen Glanz,

Thaleia, die ging mehr in Richtung
heiterer Komödiendichtung,

Euterpe lag hingegen viel
an Musik und Flötenspiel,

Erato, der ging's um die Triebe
und die Lyrik von der Liebe,

Ansporn gab Urania gerne
hin zur Wissenschaft der Sterne,

Polyhymnia fand recht schick
Hymnendichtung und Musik,

Kalliope, die säte Keime
für beseelte Epenreime.

Holde Musen, schön und schlank,
euch gebühret ew'ger Dank!

Ohne euch wär Dichtkunst schwer,
und dies Buch wär öd' und leer ...

Prometheus

Einstens des Iapetos Sohn
schuf die Menschen ganz aus Ton,
ohne Sorgen und Beschwerden,
schön geformt, aus Mutter Erden.

Lehrte rechnen sie und schreiben,
fleißig sein und Sport zu treiben,
Heileskunst und Wundverband.
Von Athene gab's Verstand.

Jene Wesen war'n ihm teuer,
daher gab er ihnen Feuer,
welches er an Sonnentagen
stahl von Helios' Sonnenwagen,

weshalb Zeus zur Erde lenkte
erdenwärts die „Allbeschenkte",
diese liebliche „Pandora"
brachte Sodom und Gomorra.

Sie betrat der Menschen Land,
eine Büchse in der Hand.
Der Empfang für sie war herzlich,
alles Weitere war schmerzlich:
Denn die Schöne, Anstandslose
öffnete sogleich die Dose –

Krankheit, Elend, Not und Pein
flogen auf die Menschheit ein.

Der Prometheus hing zum Schluss
stark versehrt am Kaukasus,
denn gequält, am Fels gebunden,
riss ein Adler schlimme Wunden.

So geseh'n war jenes Feuer
unterm Strich – ein wenig teuer.

Phaethon

Dürfte er den Sonnenwagen
lenken, tat er Helios fragen,
um an einem von den Tagen
die Verantwortung zu tragen?

Jenes führte dann zu Plagen
und zu großem Unbehagen,
da die Städte, muss man sagen,
bald in Schutt und Asche lagen.

Selbiges schlug auf den Magen
Zeus, und tat auch an ihm nagen:
Schließlich tat er's ihm verargen
und ihn mit 'nem Blitz erschlagen.

Merke:
Solltest Du was Großes wagen:
Nie nach Sonnenwagen fragen!

Europa

Das Gedicht handelt im Tenor
von dem Oberhaupt Agenor,
der am Tag und in der Nachte
über seine Tochter wachte,
auf dass keiner sie berührte
und Europa nicht entführte.

Die bestellte gerne Gyros
in der Hafenstadt von Tyros,
wozu sie sich oft am Strand
dieser schönen Stadt befand.
Dort erwartete auf vier
schlanken Läufen sie ein Stier.

Zu des Huftieres Entzücken
schwang sie sich auf seinen Rücken,
und dann ließ sie sich verleiten,
mit ihm über's Meer zu reiten,
um auf Kreta bald zu landen,
wo sie im Gebüsch verschwanden.

Denn das imposante Tier
war in Wirklichkeit kein Stier,
und am Ende vom Theater
wurde er zum Göttervater.
Also tat sie ihn verwöhnen
mit drei makellosen Söhnen.

PS:
Später wurde – wie bekannt –
diese Gegend neu benannt:
So erhielt durch Göttersamen
einst Europa seinen Namen.

Sisyphos

Thanatos, von Wein benebelt,
lag, von Sisyphos geknebelt,
und mit einem strammen Gurt
in der Ecke festgezurrt.

Förderte durch diese Lage
keine Seelen unter Tage,
war er doch von Nyx der Spross:
Todesdämon Thanatos.

Kurze Zeit darauf geschah es:
Er wurde befreit von Ares,
denn durch Sisyphos' Verstoß
war der Kriegsgott arbeitslos.

Ares' Wut hernach ergoss
sich allein auf Sisyphos.
Und er führte jenen Held
zügig in die Unterwelt.

Sisyphos war mehr als schuldig
– Hades war schon ungeduldig –,
hatte Götterstolz verletzt
und sogar den Zeus verpetzt.

Kurz ließ ihn der Hades laufen:
schnell ein Totenopfer kaufen,
doch, das war ein starkes Stück,
niemals kehrte er zurück.

Gleichfalls wurde er zum Spötter,
und er lachte über Götter.
Danach war sein Schicksal klar:
Steine rollen Jahr um Jahr.

Nun stemmt aufwärts, unter Zwang,
er den Felsblock auf den Hang,
welcher, völlig ungewollt,
vor dem Ziele abwärts rollt.

Mittagssonne, glühend heiß,
ausgezehrt, voll Dreck und Schweiß,
leidet des Aiolos Spross,
kämpft der König Sisyphos.

PS:
Allzeit folget auf dem Fuße
frecher Götterfrevel Buße:
Sisyphos war stets gewitzt.
Heute ist er stets verschwitzt.

ABENTEUER DES ODYSSEUS

Odysseus
und der Zyklop

Mit viel Wehgeschrei und Bangen
ward die Kriegerschar gefangen
bei der Jagd auf Antilopen
von dem Einaugezyklopen,
unter Jauchzen und Gegröle
in des Polyphemus Höhle.

Der gelegentlich zum Spaß
einen Griechenkrieger aß,
da er Menschenfleisch begehrte
und mit Haut und Haar verzehrte.
Angefüllt mit süßem Wein,
schlief er später selig ein.

Als der Riese lag im Schlafe,
folgte gleich darauf die Strafe:
Odysseus nahm einen Spieß,
den er ihm ins Auge stieß.
Der Zyklop musste erblinden
und tat niemals Niemand finden.

Sie entkamen der Bedrängnis
und verließen das Gefängnis,
denn sie konnten bald entfleuchen,
festgezurrt an Tieresbäuchen,
auf dass kein Zyklop sie fühle
unter Schafes Wollgewühle.

Doch im Wachen wie im Schlaf
rochen sie seitdem nach Schaf.

Eselsbrücke für Zyklopen:
Willst Du nicht in Blindheit siechen,
so verzehr' nicht sinnfrei Griechen!

Odysseus
und die Zauberin Kirke

Pinien spiegeln sich im Meer,
fern, im Inselreich Aeaea.
Unter einer alten Birke
wohnt die Zaubergöttin Kirke.

Um die Villa tummeln rege
sich die Tiere im Gehege,
unter wild kreischenden Möwen
räkeln Wölfe sich und Löwen.

Einlass in dies Haus begehrten
Eurylochos nebst Gefährten.
Wurden erstens: gut behandelt,
zweitens: drob in Schwein verwandelt.

Selbst den Schaden zu begaffen,
kam Odysseus an mit Waffen,
Kirke höflich zu bequemen,
ihren Fluch zurückzunehmen.

Dass er sich dies Wagnis traute,
lag an Hermes' Zauberkraute,
welches ihm vor Orten nützte
und vor Schweinumwandlung schützte.

PS:
Dennoch war die Rückverwandlung
keine ganz geglückte Handlung,
da sie, wenn zum Mahl sie saßen,
seitdem wie die Ferkel aßen.

Odysseus
und die Sirenen

Unbekannte Felsenklippen
bergen ausgebleichte Rippen,
modern Jahre dort und Wochen
Schädel schon und Menschenknochen

derer, die vom schönen Singen
freiwillig zu Grunde gingen,
die entseelt am Ufer lehnen:
Es sind Opfer der Sirenen.

Zweigeteilt ist deren Leib:
Unten Vogel, oben Weib.
Ohne Hemd und ohne Mieder,
splitternackt – der Rest Gefieder.

Sich am Klange zu berauschen,
dem Sirenensang zu lauschen,
von der Aussicht hoch entzückt
ward Odysseus ganz entrückt.

Drum tat heißes Wachs er gießen
und Gefährtenohren schließen.
Ließ dann an den Mast sich binden,
Nymphencharme zu überwinden.

So, gefesselt an die Säule,
da genoss er das Geheule,
denn die Mannschaft machte taub
sich lebendig aus dem Staub.

Eines wär' noch zu erwähnen:
Danach starben die Sirenen.
Keine weit're Seemannssippe
sangen sie noch zum Gerippe.

Dennoch:
Hüte dich vor fremden Liedern
und vor Frauen in Gefiedern.

Odysseus
und die Rinder des Helios

Als er auf die Insel stieß,
die Trinakria einst hieß,
stieg er hocherfreut vom Mast,
und am Ufer hielt er Rast.

Als der Morgen dann ergraute,
wurde aus dem Seegang Flaute,
und voll sorgenvollem Bangen
waren sie daselbst gefangen.

Bei Odysseus und Gefährten
sich schon bald die Mägen leerten,
und nach langer Suche Mühen
fanden Wiesen sie mit Kühen.

Doch die Rinder waren heilig,
und drum hatten sie's nicht eilig.
Und sie schworen tausend Eide:
denen tun wir nichts zu Leide!

Als des Nachts die Brandung schäumte,
der Odysseus selig träumte
und sie waren am Verschmachten,
taten sie die Viecher schlachten.

Andern Tags auf hoher See
war ein Klagen, Ach und Weh,
denn durch Blitz und hohe Wellen
ließ der Zeus das Schiff zerschellen.

Und sie hingen an den Planken,
bis sie allesamt ertranken.
Dieses Schicksal war betrüblich,
nur der Odysseus blieb übrig.

Merke:
Wer verzehret heil'ge Rinder,
störet Zeus – mehr oder minder

Odysseus
und die Nymphe Kalypso

Auf Ogygia, dem Riff,
saß Odysseus, ohne Schiff.
Denn nach Fährnissen und Schlachten
musst' er auf der Insel schmachten.

Nach neun Tagen auf dem Meer
lockte ihn die Insel sehr,
denn von schöner Nymphe Locken
war der Held gleich von den Socken:

Sie begehre seinen Typ so,
sprach verführerisch Kalypso,
und sie hauchte zarte Worte,
und so blieb er halt vor Orte.

Sie versprach ihm ew'ge Jugend,
dann verlor sie ihre Tugend.
Sieben Jahre war das her,
sehnsuchtsvoll sah er aufs Meer.

Und er flehte mit den Armen
um ein göttliches Erbarmen,
bis, aufgrund seiner Verfassung,
Zeus befahl seine Entlassung.

So verließ er ihren Schoß,
und er baute sich ein Floß.
Dann stach er in See geschwind,
allzu günstig war der Wind.

Merke:
Von der Nymphe Charme und Wonne
und von Meeresstrand und Sonne
kehret heim zu Weib und Kind
nur, wer edel ist gesinnt!

Penelope
und die Rückkehr des Odysseus

Schon vor über tausend Wochen
war der Gatte aufgebrochen,
um auf Menelaos' Seiten
gegen Troja anzureiten.

Doch nach langem, zähem Kriege
führt' er Griechenland zum Siege
mit aus Holz verbautem Pferd.
Und war nicht zurückgekehrt.

Vieles hatte sie erlebt:
Jahrelang ein Tuch gewebt,
und nach Tagesmühen End
nächtens wieder aufgetrennt,

um die Freier fern zu halten,
welche Liebesschwüre lallten
und – der Königin zu Lasten –
fröhlich Gut und Geld verprassten.

Zudem kam ein Hungerleider,
ungepflegt, zerriss'ne Kleider,
krumm der Buckel, schief der Mund.
Ganz verstört verschied ihr Hund.

Aus der Waffenkammer zogen
sie von Odysseus den Bogen,
einen Köcher voller Pfeile
und zwölf ringverzierte Beile.

Wem es mochte nun gelingen,
einen Pfeil hindurch zu bringen,
ohne Mühe und Beschwerden,
dieser sollte König werden.

Doch egal, wie stark sie zogen,
nicht zu spannen war der Bogen.
Nur dem Bettler, ganz am Schluss,
dem gelang der gold'ne Schuss.

Wo er gerade war am Schießen,
ging's auch gleich ans Blut Vergießen,
niemand konnte ihm entweichen,
und es türmten sich die Leichen.

Denn durch ihn und seinen Erben
mussten alle Freier sterben.
Danach war der Hof verschandelt
und der Greis zum Held verwandelt.

Dann betrat er den Palaste,
wo er seine Frau umfasste,
der er nach erreichtem Ziel
selig in die Arme fiel.

PS:

Leider war die Gattin sauer
über Flecken an der Mauer,
riss Odysseus aus den Träumen,
bat ihn, alles aufzuräumen,
und am Schluss – vor allen Dingen –
noch den Müll herauszubringen.

Danach wurde ihm bewusst:
Ehe führt zu Heldenfrust!

ANMERKUNGEN

Thales

Das Gedicht handelt von einer Anekdote, die Thales zu-
geschrieben wird: „Es wird erzählt, dass Thales, als er
astronomische Beobachtungen anstellte und dabei nach
oben blickte, in einen Brunnen gefallen sei, und dass eine
witzige, reizende thrakische Magd ihn verspottet habe:
Er strenge sich an, die Dinge im Himmel zu erkennen,
von dem aber, was ihm vor Augen und vor den Füßen
liege, habe er keine Ahnung." (Platon)

Zenon

Zenon von Elea, auch Zenon der Ältere genannt, wird zu
den Vorsokratikern gezählt. Zenons Trugschluss des
„Nicht-ans- Ziel-kommen-Könnens" wird auch als „Tei-
lungsparadoxon" bezeichnet. Über seine Redekunst berichtet Timon von Phleius: „Unüberwindlich ist die ge-
waltige Stärke des Zenon. Keiner entgeht ihm, dem dop-
pelzüngigen Manne [...]."

Sokrates

Im Prozess wurde Sokrates angeklagt, die Jugend zu verderben und die Götter nicht anzuerkennen. Nach dem
verkündeten Todesurteil lehnte er eine Flucht ab und trank
den Schierlingsbecher. Die Übellaunigkeit seiner Frau
Xanthippe wurde von dem antiken Schriftsteller Xeno-
phon mehrfach beschrieben.

Platon

Hierbei handelt es sich um das berühmte Höhlengleich-
nis Platons. In diesem behauptet der Philosoph, dass der
Mensch nicht in der Lage sei, die Wirklichkeit ganz zu
erfassen. Die Erkenntnis des Menschen gleiche der eines
Schattens, der in einer von einem Feuer erleuchteten Höhle
von einem Gegenstand an die Wand geworfen wird. Obwohl sich der Begriff vom Griechischen ableitet, gab es
das „Hypocaustum" (Fußbodenheizung) noch nicht, es
wurde voraussichtlich erst um 90 v. Chr. von dem Römer
Gaius Sergius Orata erfunden.

Aristoteles

Die Anhänger des Aristoteles wurden auch als "Peripate-
tiker" bezeichnet. Der Begriff leitet sich ab von peripatos
(überdachter Wandelgang) oder von peripatein (umher-
wandeln). Aristoteles war Schüler Platons und Lehrer Ale-
xanders des Großen. Er war gleichermaßen Philosoph wie
Naturwissenschaftler.

Diogenes

Diogenes von Sinope galt, gemeinsam mit seinem Lehrer
Antisthenes, als Begründer der „Kyniker" (möglicher
Wortstamm: Kyon – der Hund), deren Schwerpunkte der
ethische Skeptizismus und die Bedürfnislosigkeit waren.
Sie waren überwiegend als Wanderprediger unterwegs.
Als höchstes Ziel galt ihnen das Glück des Einzelnen so-
wie die innere Unabhängigkeit.

Hannibal

Im Herbst 218 v. Chr. stand Hannibal mit knapp 30.000 Soldaten überraschend in Norditalien, nachdem er zuvor mit seinem Heer die Alpen überwunden hatte. Die hastig entgegengeworfenen römischen Truppen besiegte er am Trasimenischen See und in der großen Umfassungsschlacht bei Cannae. Anschließend sicherte er sich Stützpunkte in Süditalien. 211 v. Chr. marschierte der karthagische Feldherr gegen Rom („Hannibal ad Portas"), konnte aber die römischen Verteidigungslinien nicht durchbrechen. Als 205 v. Chr. Cornelius Scipio („Africanus") seine Heimatstadt Karthago bedrohte, wurde er zurückbeordert und in der Schlacht bei Zama 202 v. Chr. vernichtend geschlagen. 148 v. Chr. wurde Karthago endgültig von den Römern besiegt und die Stadt dem Erdboden gleich gemacht.

Cicero

Der berühmte Anwalt, Senator und Philosoph der Antike wird bsi heute im Lateinunterricht gelesen. Nachdem er aus Rom verbannt wurde, durfte er zwar Jahre später zurückkehren, konnte aber nicht mehr als Anwalt arbeiten. Nach der Beseitigung Caesars wurde er unter dem zweiten Triumvirat (Octavian, Antonius, Lepidus) ermordet.

Caesar

Die politische Situation von damals ist kompliziert und kann hier nur angedeutet werden: Ein knappes Jahrhundert zuvor waren die Volkstribunen Gaius und Tiberius Gracchus ermordet worden. Seither galt der Senat als korrupt und wenig volksnah. Die politische Unruhe wurde von Staatsmännern wie Caesar und Pompeius für eigene Zwecke ausgenutzt. Nach dem Sieg Caesars über die Gallier drohte ihm ein Verfahren vor dem Senat, weshalb sich der siegreiche Feldherr entschloss, die festgelegte Grenze – den Rubikon – mit seinem Heer zu überschreiten. Damit löste er den Bürgerkrieg aus, welcher zum Ende der Republik führte.

Augustus

Nach der Ermordung Caesars schlossen sich die Feldherren Marc Anton, Lepidus und Octavian zum 2. Triumvirat zusammen und führten einen Rachefeldzug gegen die Mörder Caesars und deren Anhänger. Nutznießer war Octavian, der dem Senat und dem Volk von Rom zunächst die Entscheidungsgewalt überließ und dafür von den Senatoren den Beinamen „Augustus", der Erhabene, verliehen bekam. Daraus entwickelte sich nach und nach das „Prinzipat" oder Kaisertum (hergeleitet aus dem Namen „Caesar"). Die Befugnisse des Senats waren nun eingeschränkt. Zwar führte die Herrschaftszeit des Augustus zu kultureller und wirtschaftlicher Blüte und ging in die Geschichte als das „Augusteische Zeitalter" ein, spätere Herrscher jedoch entwickelten sich häufig zu Despoten und konnten nur mit Gewalt von Tyrannei und Willkürherrschaft abgehalten werden.

Caligula

Nach Tiberius folgte Kaiser Caligula. Da dieser als Kind mit Soldatenstiefeln exerzierte, wurde er von den Soldaten „Stiefelchen" – Caligula genannt. Ob der Kaiser wirklich verrückt war, ist heute umstritten. Jedenfalls ernannte er nicht nur sein Pferd zum Senator, er ließ auch seine Soldaten am Strand nach Muscheln suchen und – in Abwesenheit des Gottes Neptun – das Meer angreifen. Der blutrünstige Kaiser wurde 41 n. Chr. von seiner eigenen Prätorianergarde ermordet.

Karl Martell

Karl Martells Vorfahren waren die Arnulfinger und die Pippiniden, später – nach seinem Enkel „Karl der Große" – nur noch die „Karolinger" genannt. Karl Martell war „Hausmeier" bei dem Merowingerkönig Theuderich IV., womit ihm die überwiegende Leitung der Regierungsgeschäfte zufiel. Ab dem Jahre 720 drangen Araber und Berber in die Pyrenäen ein und eroberten Carcassonne, Nîmes und Autun in Burgund. Herzog Eudo wehrte sich erbittert, musste aber 732 an der Garonne eine schwere Niederlage hinnehmen und bat anschließend die Merowinger um Hilfe. Bei der Schlacht von Tours und Portiers wurden die Eindringlinge von Karl Martell, dem später der Beiname „Der Hammer" verliehen wurde, entscheidend geschlagen. Jener Sieg trug auch zur späteren Absetzung der merowingischen Könige bei. Karl Martells Sohn „Pippin der Jüngere" übernahm den Thron im Jahre 751 und schickte den letzten Merowingerkönig Childerich III. ins Kloster.

Karl I.

Karl der Große aß gerne beträchtliche Mengen Fleisches. Schließlich war die Jagd schon immer ein Privileg des Adels gewesen. Im hohen Alter litt er unter der Gicht, was wohl auch eine Folge zu hohen Fleischkonsums war. Fleisch am Spieß sowie Fladenbrot waren Bestandteil der Küche, der türkische Döner in seiner heutigen Form war aber noch unbekannt.

Otto I.

Klöße sind in Thüringen, Sachsen und Franken seit je-
her wichtiger Bestandteil der Küche. „Grüne" Klöße werden überwiegend aus roh geriebenen Kartoffeln herge-
stellt. Aus Südamerika stammend, wurden diese jedoch
erst mit der Entdeckung Amerikas in Europa bekannt.
„Schnitzlar", also Schnitzel, gab es damals noch nicht.

Heinrich IV. und der Papst

Über die Ausschweifungen Heinrichs gibt es unterschiedliche Quellen. Die Aussagen hingen jeweils davon ab, ob
der Autor dem Kaiser gewogen war. Historisch belegt in
diesem Gedicht ist lediglich der Disput zwischen Papst
Gregor VII. und dem salischen Kaiser Heinrich. Es ging
dabei um die Ernennung der Bischöfe, die sogenannte
Investitur. In diesem Streit verhängte der Papst den Kir-
chenbann über Heinrich. Als der Papst in den italieni-
schen Alpen residierte, pilgerte der Kaiser im Büßerhemd
durch Eis und Schnee und bat den Kirchenfürsten um
Vergebung. Dieses ging in die Geschichte als der „Gang
nach Canossa" ein.

Kaiser Barbarossa

Kaiser Friedrich I. ertrank als Kreuzritter auf dem Weg
ins heilige Land bei der Überquerung des Flusses Saleph
(Ostürkei). Über seinen Tod gibt es unterschiedliche Berichte.

Hildegard von Bingen

Hildegard von Bingen war Benediktinerin, Universalgelehrte, Komponistin und Dichterin. Als zehntes Kind wurde sie – wie damals üblich – im achten Lebensjahr in ein Kloster gegeben, gemeinsam mit der acht Jahre älteren Jutta von Sponheim („und meine Eltern weihten mich Gott unter Seufzern"). Schon als Kind hatte sie Visionen, die sie Jahre später in einem Visionswerk niederschrieb („Scivias – wisse die Wege"). Sie gründete zunächst das Kloster Rupertsberg bei Bingen für Adelstöchter, später noch das Kloster Eibingen, in welches auch Nichtadelige eintreten durften. Sie wurde bereits zu Lebzeiten als Heilige verehrt, allerdings erst viele Jahrhunderte später in das Verzeichnis für Heilige aufgenommen. Aufgrund ihrer medizinischen Abhandlungen wird sie noch heute mit Naturheilkunde in Verbindung gebracht.

Wilhelm Tell

Wilhelm Tell ist die Identifikationsfigur der Schweizer Eidgenossenschaft und wird als Freiheitskämpfer und Nationalheld verehrt. Nachdem Tell den Apfel durchbohrt hatte, antwortete er auf die Frage Gesslers, warum er denn einen zweiten Bolzen in der Hand halten würde, dass jener für den Landvogt bestimmt gewesen wäre, hätte der erste Schuss das Ziel verfehlt. Gessler ließ ihn daraufhin in seine Festung nach Küssnacht bringen. Auf dem Weg dorthin gelang ihm jedoch die Flucht. Das anschließende Attentat in Küssnacht machte ihn zum gefeierten Tyrannenmörder.

Die Schlacht bei Azincourt

Die beiden Schlachten von Crécy und Azincourt gelten als die ersten Gefechte, in denen mit Langbögen bewaffnete Fußtruppen über den Sieg entschieden. Bis dahin war die Anzahl gepanzerter Reiter maßgeblich. Bei der Schlacht bei Azincourt kam hinzu, dass der Kampf auf einem vom Regen durchgeweichten Acker stattfand, auf dem die Pferde des französischen Heers im Schlamm stecken blieben. Dies führte zu einem historischen Sieg der zahlenmassig unterlegenen und völlig entkräfteten Engländer über die Franzosen. Die Schlacht fand statt im Hundertjährigen Krieg, am 25. Oktober 1415.

Gutenberg

Geboren ist Johannes Gensfleisch um 1400 in Mainz im
Hof zu Gutenberg. Er besuchte die Klosterschule und be-
trieb später in Straßburg eine Manufaktur zur Herstel-
lung von Pilgerspiegeln, die zur Aufbewahrung von Hei-
ligenbildern und von Reliquien dienten. Zurückgekehrt
nach Mainz, druckte er um 1450 das erste Gedicht, ab
1452 arbeitete er an der Veröffentlichung der ersten in der
Druckpresse angefertigten Bibel. Die zahlreichen techni-
schen, gesellschaftlichen und religiösen Veränderungen
des 15. Jahrhunderts wurden durch Gutenbergs Erfindung in der Gesellschaft verbreitet und waren Antriebs-
motor für den Übergang vom Mittelalter in die Neuzeit.

Isabella von Kastilien

Als Isabella von Kastilien 1452 Ferdinand von Aragón
geheiratet hatte, musste jener akzeptieren, dass die Herr-
schergewalt in Kastilien von der Königin ausging. In Aragón blieb Ferdinand jedoch unangefochtener Herrscher.
Während Isabellas erfolgreicher Regierungszeit reformierte
sie die Landeskirche, förderte Handel und Bildung und
führte mit der Unterstützung von Entdeckungsreisen ihr
Land in das „Siglio d'oro", das „Goldene Zeitalter".

Kolumbus

Kolumbus ist um 1451 in Genua geboren und hörte auf
den Namen Cristoforo Colombo. 1492 landete er auf den

Bahamas. Anvisiert war eine Hafenstadt in China, welche – nach damaligem Sprachgebrauch – zu Indien gehörte. Dass sich Kämme im Gepäck befanden, ist wahrscheinlich. Seife war zwar bereits erfunden, wurde damals aber – um Krankheiten zu verhindern – nur selten verwendet. Heute weiß man, dass bereits 500 Jahre zuvor die Isländer in Nordamerika gelandet waren, unter anderem der Wikinger Leif Eriksson.

Erasmus von Rotterdam

Desiderius Erasmus von Rotterdam galt als Hypochonder, hatte ständig Angst vor Krankheiten und trug häufig zwei pelzgefütterte Mäntel übereinander. Der angesehene niederländische Gelehrte galt als wichtigster Vertreter des Renaissance-Humanismus.

Luther

Nachdem Papst Leo den Neubau des Petersdoms beschlossen hatte, ließ er durch zahlreiche Mönche den „Petersablass" verteilen. Ablasse waren Dokumente, die einen Sünder vor göttlicher Strafe im Jenseits schützen sollten. Besonders eifrig tat sich dabei ein Dominikanermönch namens Johann Tetzel hervor, der unter anderem im Bistum Magdeburg predigte, um jene Ablassbriefe an Gläubige zu veräußern. Das eingenommene Geld landete im „Tetzelkasten", auf dem – einer Überlieferung zufolge – gestanden haben soll: „Wenn das Geld im Kasten klingt, die Seele aus dem Feuer springt." Jene Predigten waren

1517 für Luther der Anlass für seine 95 Thesen, die er angeblich an das Kirchportal von Wittenberg heftete. In jenen Thesen („Behauptungen") kamen auch andere Missstände der katholischen Kirche zur Sprache. Nach dem Bannspruch des Papstes wurde Luther 1521 zum Konzil nach Worms vorgeladen. Kurfürst Friedrich erreichte, dass er vor dem Tribunal angehört wurde. Fürsten und Reichsstände verlangten, dass er seine – inzwischen auch in Büchern verfassten – Äußerungen widerrief und gaben ihm einen Tag Bedenkzeit. Er blieb jedoch bei seiner Haltung (nach einem Holzschnitt von 1557 untermauerte er seine Aussage mit den Worten: „Hier stehe ich, ich kann nicht anders"). Daraufhin ließ man Luther zwar ziehen, Kaiser Karl V. verhängte jedoch die Reichsacht über ihn. Auf seiner Rückreise ließ ihn sein Freund und Gönner Friedrich von Sachsen entführen und auf die Wartburg nach Eisenach bringen. Dort übersetzte Luther als „Junker Jörg" das Neue Testament ins Deutsche. Luthers Thesen waren somit Auslöser für die Reformation. Eine Spaltung der Kirche hatte Luther dabei aber nicht beabsichtigt.

Heinrich VIII.

Der bedeutende Monarch „verschliss" in seinem Leben insgesamt sechs Ehefrauen, von denen er zwei hinrichten ließ. Die erste war Anne Boleyn, die Mutter der späteren Königin Elisabeth I., die zweite war Catherine Howard. Englische Schulkinder lernen über seine Ehen: Geschieden – geköpft – gestorben – geschieden – geköpft – überlebt! Beide hingerichteten Frauen waren des Hochverrats beschuldigt worden. Da der König sich kurz nach der

Hinrichtung von Anne Boleyn mit Jane Seymour vermählte, erscheinen diese Anschuldigungen jedoch als fragwürdig.

Calvin

Der 1509 in Noyon / Picardie geborene Jean Calvin ist Reformator und Begründer des Calvinismus. Nach Calvins Prädestinationslehre ist das Leben des Menschen vorherbestimmt, entweder zur Seligkeit oder zur Verdammnis. Seine Gottgefälligkeit belegt der Gläubige im jeweiligen Erfolg, den er im Leben aufzuweisen hat. Die damalige Kirchenzucht verlangte strenge Sittsamkeit.

Elisabeth I.

Elisabeth war die zweite Tochter Heinrichs VIII., hervorgegangen aus seiner Ehe mit Anne Boleyn, die der König bereits nach drei Ehejahren hatte hinrichten lassen. Nachdem ihr Halbbruder Edward VI. und ihre Halbschwester Maria I. schon früh gestorben waren, wurde sie mit 25 Jahren in Westminster Abbey zur Königin von England und Irland gekrönt. Unter ihrer Herrschaft wurde die erste englische Kolonie in Amerika gegründet, Shakespeare schrieb seine berühmten Theaterstücke, und Francis Drake umsegelte die Welt. Sie war begeisterte Reiterin, Tänzerin und Theaterbesucherin und beherrschte meisterhaft das Clavecin (Cembalo). Nachdem sie 44 Jahre erfolgreich geherrscht hatte, ging ihre Regierungszeit als das „Elisabethanische Zeitalter" in die Geschichte Großbritanniens ein.

Francis Drake

Der berühmte Seefahrer raubte im Namen seiner Majestät spanische Schiffe aus und befehligte von 1577–80 eine Weltumsegelung. 1581 wurde er von Elisabeth I. zum Ritter geschlagen. Er war maßgeblich am Sieg gegen die gefürchtete spanische Armada und damit am Aufstieg Englands zur aufstrebenden Seemacht beteiligt.

Henry Quatre

Heinrich IV. von Frankreich stammte ursprünglich aus Navarra und war der erste Bourbonenkönig Frankreichs. Die Episode mit der Pute (die auch von Klaus Mann in „Henry IV" beschrieben wird) stammt aus der Zeit, als er als Protestant gegen die Katholiken im Lande zu Felde zog. Später war er einer der wenigen Herrscher in Europa, deren Anliegen es war, Katholiken und Protestanten zu versöhnen. Trotz dramatischer Lebensumstände ließ er sich hierfür in Paris taufen (Zitat: „Paris ist eine Messe wert"). Im Alter von 56 Jahren wurde er von einem fanatischen Katholiken in den Straßen von Paris ermordet.

Galileo Galilei

Der berühmte Mathematiker, Physiker und Astronom wurde als Sohn des Patrizers Vincenzio Galilei 1564 in Pisa geboren. Angeblich führte er später am Schiefen Turm von Pisa Experimente zu Fallgesetzen durch. Nachdem er in seinem Buch „Dialog" das heliozentrische Weltbild erläuterte (nach welchem die Sonne im Zentrum steht), eröffnete die kirchliche Inquisition ein Verfahren gegen ihn. Trotz seines Widerrufs stand er bis zum Ende seines Lebens unter Beobachtung der Inquisition.

Prager Fenstersturz

Nach der Gegenreformation Kaiser Rudolfs II. hatten sich die religiösen Spannungen in Europa verschärft. Die böhmischen Landesherren Kaiser Matthias und der 1617 zum Nachfolger gewählte König Ferdinand von Steiermark verweigerten den Protestanten die freie Religionsausübung. Am 23. Mai 1618 stürmten daher die protestantischen Stände unter Heinrich Matthias von Thurn die Prager Burg und warfen die königlichen Statthalter und den Kanzleisekretär aus dem Fenster. Ob sie dabei tatsächlich auf einem Misthaufen gelandet sind, bleibt umstritten. Dennoch war der „Prager Fenstersturz" Auslöser für den Dreißigjährigen Krieg.

Wallenstein

Albrecht Wenzel Eusebius von Waldstein war böhmischer Feldherr und kaiserlicher Oberbefehlshaber auf Seiten der Katholiken im Dreißigjährigen Krieg. Immer wieder klagte er über Schmerzen und war bettlägerig, wahrscheinlich litt er unter der Gicht. Die Geschichte mit dem Arzt ist frei erfunden.

Uranos

Uranos (der Himmel) zählt, gemeinsam mit Gaia (die Erde), Tartaros (die Unterwelt) und Pontos (das Meer) zu den ersten Göttern der griechischen Mythologie. Dass aus seinem Samen die schöne Aphrodite gezeugt wurde, ist eine von mehreren Zeugungsmythen. Danach kam Aphrodite zunächst nach Kythera und entstieg erst später dem Meer an der Küste von Zypern. Nach anderen Erzählungen ist sie die Tochter des Kronos, des Zeus, oder sie ist – quasi als personifizierte Perle – einer Muschel entstiegen.

Hades

Tatsächlich sang Orpheus in der Unterwelt, um Eurydike zu befreien. Ob es sich bei dem Dichter und Sänger um einen Tenor handelte, ist ungewiss. Zwar verließen sie gemeinsam den Hades. Da Orpheus sich jedoch entgegen der Abmachung umdrehte, musste seine Geliebte zurück in die Unterwelt. Ob Hades aufgrund zu lauten Gesangs unter Migräne litt, ist nicht überliefert.

Poseidon

Poseidon war der Gott des Meeres und Sohn des Kronos und der Rhea. Die Seefahrer beteten zu ihm und opferten Pferde für eine sichere Überfahrt. Ähnlich wie Zeus hatte er viele Liebschaften, aus denen zahlreiche Kinder hervorgingen. In seltenen gut gelaunten Momenten erschuf er neue Inseln und ließ das Meer in sanften Wellen rauschen. Bei Homer tritt er jedoch ausschließlich als übellauniger Meeresgott auf.

Hera

Hera und Zeus waren beide Kinder der Rhea und des Kronos, sie waren also verheiratete Geschwister. Einmal im Jahr fand unter einem Lygosbaum („Mönchspfeffer") auf der Insel Samos die „Heilige Hochzeit" statt. Das im Anschluss an die Vereinigung mit Zeus stattfindende Bad im Fluss Imbrasos erneuerte stets Heras Jungfräulichkeit. Hera war aufgrund der vielen Liebesabenteuer von Zeus stets eifersüchtig und verfolgte die unehelichen Kinder ihres Gatten. Sie galt als Schutzgöttin der Ehe und der Niederkunft.

Hermes

Hermes war der Sohn des Zeus und der Pleiade Maia. Bereits als Säugling galt er als durchtrieben. Von einer Weide stahl er 50 Rinder, von seinem Bruder Apollon hingegen Bogen und Köcher. Er war nicht nur Schutzgott der Hirten, Reisenden und Kaufleute, sondern auch Gott der Diebe. Stets war er erfindungsreich: so erfand er die Tonleiter, die Hirtenflöte und die Leier, das Würfelspiel, die Sportarten Boxen und Turnen sowie das griechische Alphabet.

ANMERKUNGEN GRIECHISCHE SAGEN

Artemis

Über die Kleider von Göttern wird wenig berichtet. Überwiegend werden sie nackt oder im drapierten Chiton dargestellt, meistens mit einem Gürtel versehen. Lendenschurz (oder Schlüpfer) waren für Götter weder notwendig noch vorgesehen.

Hephaistos

Hephaistos war von seinem Wesen her gutmütig. Dennoch wurde er bereits als Kind von den anderen Göttern schlecht behandelt, und so ersann er immer wieder Möglichkeiten, sich an den Übeltätern zu rächen. Seine Mutter Hera beispielsweise fesselte er an einen goldenen Thron. Seine untreue Gattin Aphrodite hingegen fing er, gemeinsam mit deren Liebhaber Ares, in einem Netz ein, welches er an seinem Ehebett befestigt hatte. Er rief daraufhin die anderen Götter herbei, und alle gemeinsam brachen in das sprichwörtliche „Homerische Gelächter" aus.

Dionysos

Da der Gott des Weines ein Sohn des Zeus war, stiftete in Wahrheit die eifersüchtige Hera die Titanen zum Mord an. Anschließend wurde er tatsächlich gegrillt und verspeist. Die Affinität von Titanen zu Grießbrei ist nicht belegt.

Die neun Musen

In der griechischen Mythologie sind die neun Musen die Schutzgöttinen der Künste (nach der Überlieferung des Hesiod). Sie werden – nach ihrer Mutter – auch Mnemoniden genannt.

Prometheus

Der Titan Prometheus ist der Sohn des Iapetos, als Mütter werden Asia, Klymene und Gaia genannt. Nachdem der Titan die Menschen aus Ton geformt hatte, verlangten die Götter ein Opfer der Anbetung. Prometheus schlachtete daraufhin einen Stier, machte daraus einen kleinen Haufen aus Fleisch und einen großen aus Knochen. Als er beide mit Stierhaut umwickelt hatte, forderte er Zeus auf, sich einen Haufen auszusuchen. Nachdem sich der Göttervater für den Knochenhaufen entschieden hatte, versagte er – zur Strafe für den Betrug – den Menschen das Feuer. Prometheus jedoch holte es mit Hilfe eines Fenchelstängels vom Sonnenwagen des Helios zurück. Daraufhin schickte der wütende Zeus Pandora auf die Erde, die mit dem Öffnen ihrer Büchse Verderben über die Menschheit brachte. Lediglich die Hoffnung blieb den Sterblichen. Am Kaukasus festgekettet, fraß der Adler Ethon fortan allabendlich Prometheus' Leber, die – wie bei Göttern üblich – über Nacht wieder nachwuchs. Nach vielen Jahrhunderten befreite der Held Herakles den geschundenen Titanen.

Phaeton

Phaeton („der Strahlende") ist – je nach Überlieferung – entweder Sohn oder Neffe des Helios. Nachdem der Sonnengott schweren Herzens dem jungen Phaeton die Fahrt mit dem Sonnenwagen erlaubt hatte, geriet das Gefährt bereits nach kurzer Zeit außer Kontrolle und sorgte überall für Feuersbrünste, so dass der junge Wagenlenker „ganze Völker zu Asche verwandelte" (Ovid). Erst der herbeigerufene Zeus beendete die Fahrt mit einem Blitzschlag, der für Phaeton tödlich ausging. Dennoch resümiert Ovid: „Zwar konnte er ihn (den Wagen) nicht steuern, doch starb er als einer, der Großes gewagt hatte."

Europa

Die Tochter des König Agenor hielt sich gerne am Strand von Tyros auf. Über dortige Mahlzeiten ist jedoch nichts überliefert.

Sisyphos

Bevor Sisyphos in den Hades geführt wurde, hatte er seiner Frau verboten, ihn im Falle seines Todes zu bestatten. Auch sollte sie ihm keine – den Göttern geweihte – Totenopfer spenden. Daher überredete er Hades, dass er ihn für kurze Zeit zurückschicken solle, um seine Frau entsprechend anzuweisen. Auf der Erde angekommen, verhöhnte er die Götter jedoch und blieb bei seiner Frau.

Odysseus und der Zyklop

Tatsächlich war Odysseus auf der Jagd, als er die Höhle des Polyphemus entdeckte. Die in Afrika beheimateten Antilopen gab es aber höchstwahrscheinlich nicht auf den Inseln des Mittelmeers. Im Gespräch mit dem Zyklopen nennt ihm der Seefahrer einen erdachten Namen: „Niemand". Als Odysseus später den Riesen geblendet hatte, kamen diesem weitere Zyklopen zu Hilfe. Da Polyphemus jedoch rief: „Niemand hat mir weh getan", zogen sie unverrichteter Dinge wieder ab.

Odysseus und die Zauberin Kirke

Eurylochos gehörte zu der Gruppe, die die Insel Aeaea erkunden sollte. Er war jedoch der Einzige, dem die Flucht von Kirke gelang, um Odysseus zu Hilfe zu holen. Geschützt durch eine Pflanze des Hermes, bedrohte Odysseus Kirke mit dem Schwert. Diese verwandelte die Gefährten zurück und wurde für ein Jahr die Geliebte des Odysseus. Über die Tischsitten der Gefährten ist nichts bekannt.

Odysseus und die Sirenen

In den frühen Überlieferungen werden die Sirenen als ein Zwischenwesen – halb Frau, halb Vogel – bezeichnet. Spätere Berichte beschreiben sie jedoch mit weiblichem Oberkörper und Schwanzflosse.

Odysseus und die Rinder des Helios

Nachdem die Gefährten die Seeungeheuer Skylla und Charybdis überwunden hatten, machten sie – trotz der Warnung Kirkes – auf der Insel Thrinakria Halt. Ungünstige Winde hielten sie von der Weiterfahrt ab, und nachdem die Vorräte aufgebraucht waren, beschlossen sie, die heiligen Rinder zu verzehren. Der erzürnte Helios verlangte Genugtuung von Zeus. Als die Mannschaft die Insel verlassen hatte, zerstörte der Göttervater mit seinen Blitzen das Schiff. Da der schlafende Odysseus an dem Frevel nicht teilgenommen hatte, blieb er als Einziger verschont.

Odysseus und die Nymphe Kalypso

In der Odyssee beschrieb Homer, wie die „hehre" und „schöngelockte" Kalypso den Seefahrer liebevoll umgarnte und sieben Jahre auf der Insel festhielt. Als Odysseus jedoch zusehends von Heimweh geplagt auf das Meer starrte, bat die mitleidige Athene Zeus um Gnade. Jener sandte Hermes zu Kalypso mit dem Befehl, den Helden mit Axt und Beil auszustatten, ihn mit Wein und Speisen zu versehen und ihn schließlich freizugeben. Nachdem er sich ein Floß gebaut hatte, nannte die traurige Nymphe ihm noch die Gestirne, nach denen er sich zu richten hatte und sandte ihm einen günstigen Westwind.

131

Penelope und die Rückkehr des Odysseus

Penelope war eine spartanische Prinzessin und eine treue Ehefrau. Von zahlreichen Freiern bedrängt, gab sie vor, ein Totentuch für ihren Schwiegervater Laertes zu weben, durch welches sie – dank nächtlicher Auftrennung – drei Jahre Zeit gewann. Odysseus hingegen wurde bei seiner Ankunft auf der Insel Ithaka von der Göttin Athene in einen alten Greis verwandelt. Bei seiner Ankunft im Vorhof seines Palastes erkannte ihn sein gebrechlicher Hund Argos, der jedoch sogleich an allzu freudiger Erregung verstarb. Ob Odysseus nach dem anschließenden Gemetzel, bei dem ihm sein Sohn Telemachos tatkräftig zur Seite gestanden hatte, noch den Mülleimer ausleeren musste, kann hier weder belegt noch gänzlich dementiert werden. Penelope jedenfalls wurde für ihre Treue von der Zauberin Kirke mit Unsterblichkeit belohnt.

Danke

Besonderer Dank geht an das Ehepaar Ute Zorn-Herr-mann und Peter Herrmann, die das Erscheinen dieses Buches ermöglicht haben. Vielen Dank auch an meine Frau Regina für ihr unermüdliches Lektorat und an Thomas Rübenacker für die inspirierten und kreativen Wortaufnahmen. Ebenfalls großen Dank an Jan Zacek für Komposition, Gitarrenspiel und Musikaufnahme, Ekkehard Jayme für die historische Beratung und an meinen ehemaligen Deutschlehrer Ekkehard Wallat für die poetische Inspiration. Herzlichen Dank auch an Wolf-Dieter Steinmann.

Lindemanns Bibliothek, Band 298
herausgegeben von Thomas Lindemann

Musik: Jan Žáček,
www.klangscheune-nack.de
Illustrationen: cartoonstock.com
Titelgestaltung und S. 78 unter Verwendung eines
Motives von CartoonStock
© 2017 · Info Verlag GmbH
Alle Rechte vorbehalten.
Nachdruck ohne Genehmigung
des Verlages nicht gestattet.
ISBN 978-3-88190-981-5

www.infoverlag.de